Individueller Trainingsplan mit dem Schwerpunkt "Ausdauer". Gewichtsreduktion und Senkung des Blutdrucks

Kevin Raue

Bibliografische Information der Deutschen Nationalbibliothek:

Die Deutsche Nationalbibliothek verzeichnet diese Publikation in der Deutschen Nationalbibliografie; detaillierte bibliografische Daten sind im Internet über http://dnb.d-nb.de abrufbar.

ISBN: 9783346351111
Dieses Buch ist auch als E-Book erhältlich.

© GRIN Publishing GmbH
Nymphenburger Straße 86
80636 München

Druck und Bindung: Books on Demand GmbH, Norderstedt Germany
Gedruckt auf säurefreiem Papier aus verantwortungsvollen Quellen

Das vorliegende Werk wurde sorgfältig erarbeitet. Dennoch übernehmen Autoren und Verlag für die Richtigkeit von Angaben, Hinweisen, Links und Ratschlägen sowie eventuelle Druckfehler keine Haftung.

Das Buch bei GRIN: https://www.grin.com/document/990199

Deutsche Hochschule für
Prävention und Gesundheitsmanagement
Hermann Neuberger Sportschule 3
66123 Saarbrücken

Einsendeaufgabe

Fachmodul: Trainingslehre II

Studiengang: Bachelor of Arts - Fitnessökonomie

Datum
Präsenzphase: 16.11.2020 – 18.11.2020

Name, Vorname: Raue, Kevin

Studienort: **Frankfurt a.M. (Präsenzphase in Köln)**

Semester: **WS 2019**

Inhaltsverzeichnis

1   Diagnose

In einem Erstgespräch werden zunächst die allgemeinen und biometrischen Daten des Kunden aufgenommen. Im Anschluss daran geht man auf seine Zielsetzung ein. Um seine Ziele zu erreichen und einen optimal, auf ihn zugeschnittenen Trainingsplan zu erstellen, sind die allgemeinen Daten wie Alter, Geschlecht, Körpergröße sowie die berufliche Tätigkeit, aktuelle und frühere sportliche Aktivität unabdingbar. Ein weiterer wichtiger Punkt ist der zeitliche Faktor, damit dieser für die Trainingsplanung miteinbezogen wird. Im Anschluss an die Abfrage der allgemeinen Daten folgt die Anamnese, die sich mit dem allgemeinen Gesundheitszustand befasst. Hierbei wird nicht nur auf orthopädische und internistische Probleme eingegangen, sondern auch die biometrischen Daten wie Blutdruck, Ruhepuls, Muskelmasse, Körperfett und viszerales Fett gemessen.

1.1   Allgemeine und biometrische Daten

Tabelle 1: Allgemeine Daten

Alter	20.11.1989, 31 Jahre
Geschlecht	männlich
Körpergröße	180 cm
Körpergewicht	93 kg
Trainingsmotive	Gewicht reduzieren Verbesserung der allgemeinen Fitness (Ausdauer)
Berufliche Tätigkeit	Lehrer
Aktuelle und frühere sportliche Aktivitäten	Zurzeit keinerlei sportliche Aktivitäten, früher aktiver Fußballer (Torwart, bis vor 6 Jahren, höchste Spielklasse Kreisliga A, 9. Liga, 2x Training pro Woche)
Zeitlicher Verfügungsrahmen	3x Training pro Woche

Die biometrischen Daten werden u.a. durch eine Körperanalyse (Inbody-Check) bestimmt, bei der der Kunde sich auf eine Waage mit 4 Elektroden stellt. Der Blutdruck und der Ruhepuls werden anhand eines Blutdruckmessgerätes ermittelt. Diese Werte sind für die Beurteilung des Gesundheitszustandes enorm wichtig.

Tabelle 2: Biometrische Daten

Blutdruck	135/88 mmHG
Ruhepuls	75 Schläge pro Minute
Muskelmasse	36,6 kg
Körperfett	28 kg (30,1 %)
Viszerales Fett	127 cm²
BMI	28,7 kg/m²

Der Blutdruck befindet sich noch im normalen Bereich, wobei beide Werte, sprich der systolische und diastolische Blutdruck schon im hochnormalen Bereich anzusiedeln sind. Da keine arterielle Hypertonie festzustellen ist, ist dies ein wichtiger Hinweis für die Trainingsplanung. Die Blutdruckklassifikation lässt sich in der untenstehenden Tabelle noch einmal ablesen.

Tabelle 3: Blutdruckklassifikation der American Heart Association (modifiziert nach Mancia et al., 2013, S. 1286)

Bewertungsstufen	Systolischer Blutdruck	Diastolischer Blutdruck
Normblutdruck (Normonotie)		
optimal	unter 120 mmHG	unter 80 mmHG
normal	unter 130 mmHG	unter 85 mmHG
hochnormal	130-139 mmHG	85-89 mmHG
Bluthochdruck (arterielle Hypertonie)		
Stufe 1	140-159 mmHG	90-99 mmHG
Stufe 2	160-179 mmHG	100-109 mmHG
Stufe 3	> 180 mmHG	> 110 mmHG

Der Ruhepuls, welcher beim normalen Bürger zwischen 60 und 80 Schlägen pro Minute liegt, ist auch beim Kunden mit 75 Schlägen pro Minute im normalen Bereich. Durch den Ruhepuls lässt sich der Ausdauerleistungszustand ableiten. Umso höher der Ruhepuls, desto schlechter ist die Ausdauerleistungsfähigkeit einzustufen. Allerdings muss zwischen Ruhepuls und Tagespuls unterschieden werden. Der Ruhepuls sollte am Morgen, direkt nach dem Aufstehen gemessen werden. Der Tagespuls ist im Vergleich zum Ruhepuls 5-10 Schläge pro Minute höher (Weineck, 2003, S. 50).

Die Muskelmasse liegt laut InBody im leicht erhöhten Bereich und ist für die Untätigkeit des Kunden als relativ gut einzustufen. Der Körperfettanteil ist mit einem prozentualen Anteil von 30,1 % im sehr hohen und damit adipösen Bereich (Gallagher et al., 2000, S. 694-701). Dies ist in Zusammenhang mit dem viszeralen Fett deutlich zu senken, was auch eines der Ziele des Kunden darstellt.

Der Body-Mass-Index (BMI) ist ebenso wie auch der Körperfettanteil deutlich erhöht und als übergewichtig einzustufen. Durch das Übergewicht des Kunden steigt das Risiko für verschiedene Erkrankungen des Herz-Kreislauf-Systems.

Tabelle 4: Klassifizierung des Body-Mass-Index (BMI) (World Health Organization, 2000)

Klasse	BMI (kg/m^2)
Untergewicht	< 18,5
Normalgewicht	18,5-24,9
Übergewicht	25,0-29,9
Adipositas Grad I	30,0-34,9
Adipositas Grad II	35,0-39,9
Adipositas Grad III	> 40

Der Proband befindet sich zurzeit nicht in ärztlicher Behandlung und hat keinerlei internistischer oder orthopädischer Beschwerden vorzuweisen. Aufgrund dessen nimmt er auch keine Medikamente ein. Dies sind die besten Voraussetzungen für ein optimales Training.

Tabelle 5: Allgemeiner Gesundheitszustand

Internistische Erkrankungen	keine
Orthopädische Probleme	keine
Medikamente	keine

1.2 Leistungsdiagnostik/Ausdauertestung

Um die Ausdauerleistungsfähigkeit des Probanden zu ermitteln, fiel die Auswahl auf zwei Testverfahren auf dem Fahrradergometer, jedoch ist der WHO-Test geeigneter für den Kunden. Der WHO-Test eignet sich für leistungsschwächere Personen. Durch die nicht vorhandene sportliche Aktivität, die sich nun schon über mehrere Jahre abzeichnet und das Übergewicht, welches sich im adipösen Bereich bewegt, ist dies zum Einstieg für den Kunden, trotz seines jungen Alters, optimal. Auch der gemessene Ruhepuls, der den Ausdauerleistungsfähigkeitszustand ableitet, spricht für den durchgeführten Test. Ebenfalls eignet sich die submaximale Belastung in Form eines Stufentests zum Einstieg sehr gut, da durch das schrittweise Erhöhen der Belastung der Proband nicht direkt überfordert wird.

Der WHO-Test beginnt mit einer Eingangsbelastung von 25 Watt und wird alle 2 Minuten um weitere 25 Watt erhöht. Die Trittfrequenz liegt bei ca. 60-80 U/min (Kettenis & Eifler, 2020, S.67). Um die Pulsobergrenze und damit das Abbruchkriterium zu bestimmen, nehmen wir die Errechnung der Zielherzfrequenz nach der IPN-Norm, indem wir das Lebensalter in Relation zur Ruheherzfrequenz setzen (modifiziert nach Trunz, 2001; IPN, 2004, S.4). Dieses entspricht beim Kunden dann eine Pulsobergrenze oder Zielherzfrequenz von 140 Schlägen pro Minute.

1.2.1 Testverlauf Fahrradergometer (WHO-Test)

In der nachfolgenden Tabelle wird die Auswertung des WHO-Tests dargestellt.

Tabelle 6: WHO-Test des Probanden

Belastung (in Watt)	Dauer (in Minuten)	Herzfrequenz
25 Watt	2 min	76 Hf
50 Watt	4 min	90 Hf
75 Watt	6 min	108 Hf
100 Watt	8 min	122 Hf
125 Watt	10 min	138 Hf
150 Watt	10:15 min (Abbruch)	140 Hf (Zielherzfrequenz)

Die Testperson hat mittels des WHO-Tests und des daraus resultierenden Ergebnisses einen Wert von 1,62 erreicht. Dieser lässt sich durch den Quotienten der erreichten Wattzahl und des eigenen Körpergewichts ausrechnen. In der IPN Normtabelle liegt er dabei bei einem Wert zwischen 0,54 und 0,55 und befindet sich somit im schwächsten Bewertungssektor (Kettenis & Eifler, 2020, S.72).

1.3 Gesundheits- und Leistungsstatus der Person

Der Gesundheitsstatus des Probanden ist hinsichtlich seiner biometrischen Daten, was Gewicht, Körperfettanteil, viszerales Fett und BMI angeht, kritisch zu sehen, da sich hier alle Werte in einem risikogefährdenden Bereich bezgl. möglicher Erkrankungen bewegen. Wiederum positiv zu sehen sind die relativ gut ausgeprägte Muskelmasse, der Blutdruck und der Ruhepuls, die sich alle in einem normalen Sektor befinden. Allerdings ist auch hier einiges an Potenzial möglich, um den Gesundheitsstatus entsprechend seines Alters zu verbessern.

Der Leistungsstatus, welcher sich laut IPN Normwerte im schwächsten Sektor befindet, ist ebenfalls deutlich zu verbessern. Durch seine sportliche Inaktivität von mehr als 6 Jahren und der damit verbundenen Verringerung seiner Ausdauerleistungsfähigkeit fallen ihm bereits alltägliche Dinge wie Treppen steigen oder auch Wasserkasten tragen deutlich schwerer. Dadurch, dass der Proband keinerlei körperlichen Einschränkungen hat und noch relativ jung ist, besteht die Möglichkeit seinen Leistungsstand und seine gesetzten Ziele durch regelmäßiges Ausdauertraining deutlich zu optimieren.

2 Zielsetzung/Prognose

Die Zielsetzungen des Kunden ergeben sich u.a. aus dem Erstgespräch. Der Kunde möchte Gewicht verlieren, vor allem Körperfett und seine allgemeine Fitness (Ausdauer) verbessern. Dies ist nun mit den körperlichen und gesundheitlichen Voraussetzungen durch den Trainer zu kombinieren.

Tabelle 7: Ziele des Kunden

Inhalt	Ausmaß	Zeit
Gewicht reduzieren	Gewicht um 5 kg reduzieren, BMI senken	innerhalb von 3 Monaten
Allgemeine Fitness verbessern (Ausdauer verbessern)	Verbesserung des WHO-Tests um 25-50 Watt	innerhalb von 3 Monaten
Blutdruck senken	Systolischen und diastolischen Blutdruck um 5-10 mm/HG senken	innerhalb von 2 Monaten

Das primäre Ziel des Kunden liegt darin Gewicht zu verlieren. Da sowohl das Gewicht, als auch der BMI deutlich zu hoch sind, lässt sich das Ziel miteinander verbinden. Durch die Reduzierung des Körpergewichts um 5 kg von 93 kg auf 88 kg, wird der BMI auch um fast 1 kg/m² auf 27,1 kg/m² gesenkt. Dadurch nähert er sich dem Normalgewicht Bereich an. Der Zeitraum ist über 3 Monate so gewählt, dass der Proband ein realistisches Ziel vor Augen hat und auch gleichzeitig gesund abnehmen kann.

Der Kunde hat angegeben, dass er bei alltäglichen Dingen wie Treppen steigen schon außer Atem kommt. Der WHO-Test hat die schlechte Ausdauerleistungsfähigkeit bestätigt. Diese soll nun innerhalb der nächsten 3 Monate verbessert werden, um in den durchschnittlichen Bereich beim submaximalen Fahrradergometertest zu kommen. Der angestrebte Wert, der erreicht werden soll, sind 175-200 Watt. Dies wäre eine Steigerung um 25-50 Watt im Vergleich zum ersten Testlauf. Durch diese Verbesserung würde der Proband den durchschnittlichen Bereich mit einer Intensität von 0,6-0,61 erreichen (modifiziert nach IPN, 2004, S.8).

Der Blutdruck von 135/88 mg/Hg liegt im hochnormalen Bereich, allerdings im diastolischen Bereich auch in Reichweite zur arteriellen Hypertonie. Aufgrund dessen soll eine Senkung des Blutdrucks um 5-10 mm/Hg erreichet werden, um in den normalen Bereich der Blutdruckklassifikation, der sich unterhalb von 130/80 mm/Hg befindet, zu gelangen (modifiziert nach Mancia et al., 2013, S. 1286).

8

3 Trainingsplanung Mesozyklus

3.1 Grobplanung Mesozyklus

Tabelle 8: Grobplanung des Mesozyklus

Grobplanung Mesozyklus	
Dauer	6 Wochen
Trainingsziele	Aufbau der Grundlagenausdauer (GA 1)
Belastungsumfang pro Woche	90-115 Minuten
Trainingsmethoden	Extensive Dauermethode
Trainingsintensität	60-70% Hf_{max}
Trainingshäufigkeit pro Woche	3 Einheiten
Trainingsdauer pro Einheit	30-45 Minuten
Trainingsgeräte	Fahrrad, Laufband (Walking)

3.2 Detailplanung des Mesozyklus

Tabelle 9: Detailplanung Mesozyklus

Woche 1			
Trainingstag	Montag	Mittwoch	Freitag
Trainingsziel	Aufbau der GA 1	Aufbau der GA 1	Aufbau der GA 1
Trainingsmethode	Extensive Dauermethode	Extensive Dauermethode	Extensive Dauermethode
Trainingsintensität	60-65% Hf_{max}	60-65% Hf_{max}	60-65% Hf_{max}
Trainingsherzfrequenz	zwischen 101-110 S/min	zwischen 101-110 S/min	zwischen 101-110 S/min
Trainingsdauer	30 min	30 min	30 min
Trainingsgerät	Fahrrad	Fahrrad	Fahrrad

Woche 2			
Trainingstag	Montag	Mittwoch	Freitag
Trainingsziel	Aufbau der GA 1	Aufbau der GA 1	Aufbau der GA 1
Trainingsmethode	Extensive Dauer-methode	Extensive Dauerme-thode	Extensive Dauerme-thode
Trainingsintensität	60-65% Hf$_{max}$	60-65% Hf$_{max}$	60-65% Hf$_{max}$
Trainingsherzfre-quenz	zwischen 101-110 S/min	zwischen 101-110 S/min	zwischen 101-110 S/min
Trainingsdauer	30 min	30 min	35 min
Trainingsgerät	Fahrrad	Fahrrad	Fahrrad
Woche 3			
Trainingstag	Montag	Mittwoch	Freitag
Trainingsziel	Aufbau der GA 1	Aufbau der GA 1	Aufbau der GA 1
Trainingsmethode	Extensive Dauer-methode	Extensive Dauerme-thode	Extensive Dauerme-thode
Trainingsintensität	60-65% Hf$_{max}$	60-65% Hf$_{max}$	65-70% Hf$_{max}$
Trainingsherzfre-quenz	zwischen 101-110 S/min	zwischen 101-110 S/min	zwischen 110-118 S/min
Trainingsdauer	35 min	35 min	35 min
Trainingsgerät	Fahrrad	Fahrrad	Fahrrad
Woche 4			
Trainingstag	Montag	Mittwoch	Freitag
Trainingsziel	Aufbau der GA 1	Aufbau der GA 1	Aufbau der GA 1
Trainingsmethode	Extensive Dauer-methode	Extensive Dauerme-thode	Extensive Dauerme-thode
Trainingsintensität	65-70% Hf$_{max}$	65-70% Hf$_{max}$	65-70% Hf$_{max}$
Trainingsherzfre-quenz	zwischen 110-118 S/min	zwischen 110-118 S/min	zwischen 110-118 S/min
Trainingsgerät	35 min	35 min	40 min
Trainingsdauer	Fahrrad	Fahrrad	Fahrrad

Woche 5			
Trainingstag	Montag	Mittwoch	Freitag
Trainingsziel	Aufbau der GA 1	Aufbau der GA 1	Aufbau der GA 1
Trainingsmethode	Extensive Dauermethode	Extensive Dauermethode	Extensive Dauermethode
Trainingsintensität	65-70% Hf$_{max}$	60-65% Hf$_{max}$	65-70% Hf$_{max}$
Trainingsherzfrequenz	zwischen 110-118 S/min	zwischen 113-123 S/min	zwischen 110-118 S/min
Trainingsdauer	40 min	25 min	40 min
Trainingsgerät	Fahrrad	Laufband	Fahrrad
Woche 6			
Trainingstag	Montag	Mittwoch	Freitag
Trainingsziel	Aufbau der GA 1	Aufbau der GA 1	Aufbau der GA 1
Trainingsmethode	Extensive Dauermethode	Extensive Dauermethode	Extensive Dauermethode
Trainingsintensität	65-70% Hf$_{max}$	60-65% Hf$_{max}$	65-70% Hf$_{max}$
Trainingsherzfrequenz	zwischen 110-118 S/min	zwischen 113-123 S/min	zwischen 110-118 S/min
Trainingsdauer	45 min	25 min	45 min
Trainingsgerät	Fahrrad	Laufband	Fahrrad

3.3 Begründung zum Mesozyklus

Der wöchentliche Belastungsumfang beträgt 90-115 Minuten und ist auf den zeitlichen Verfügungsrahmen des Probanden abgestimmt. Der zeitliche Rahmen ist auf 3 Trainingseinheiten ausgelegt, die zwischen 25 – 45 Minuten lang sind. Die Zeiten variieren je nach Dauer des Mesozyklus sowie die Art des Trainingsgerätes. Die kürzeste Einheit beträgt 25 Minuten und die längste Einheit 45 Minuten. Die Trainingstage sind auf Montag, Mittwoch und Freitag festgelegt, da diese zum einen am besten in die Planung des Kunden passen und zum anderen immer ein Tag Pause zwischen den Einheiten liegt, um eine optimale Regenerationszeit zu haben.

Um den Probanden, der aufgrund seiner längeren Pause eher im Anfängerbereich anzusiedeln ist, nicht zu überfordern, ist dieser Belastungsumfang zunächst der richtige Weg, da auch die Motivation eine wichtige Rolle spielt, die der Trainer durch die individuelle

Trainingssteuerung hochhalten sollte (Wehrlin & Held, 2001, S. 206). Die Belastungsdauer zwischen 25-45 Minuten ist so gewählt, dass die Zielsetzungen der Gewichtsreduktion und der Steigerung der allgemeinen Fitness berücksichtigt werden (Hottenrott, 2006,
64ff.). Der Zeitaufwand für eine einzelne Trainingseinheit liegt über 30 Minuten und ist
somit der Langzeitausdauer zuzuordnen, die positive Anpassungseffekte auf die verschie-
denen Organsysteme wie das Herz, die Lunge, das Blut und die Muskulatur hat (Zintl &
Eisenhut, 2001, S. 68).

Die Basis aller Ausdauerfähigkeiten ist die Grundlagenausdauer (Schnabel, Haare &
Krug, 2008, S.181). Durch die unterdurchschnittlichen Ergebnisse beim WHO-Test ist
ein Aufbau der Grundlagenausdauer 1 das primäre Ziel meiner Testperson. Hierfür ist die
extensive Dauermethode geeignet, da diese zum Aufbau der Grundlagenausdauer beiträgt
und auch den vorgegebenen Herzfrequenzbereich sowie die Belastungsdauer, welche län-
ger als 20 Minuten beträgt, des Kunden berücksichtigt (Olivier, Marschall & Büsch, 2008,
S. 158-159). Die Gewichtsreduktion und die allgemeine Ausdauerleistung sind die Trai-
ningsmotive der Testperson, welche durch die extensive Dauermethode erreicht werden
können, da es bei dieser Methode zu einer Ökonomisierung des Herz-Kreislauf-Systems
und einer Ankurbelung des Fettstoffwechsels kommt (Hottenrott, 2006, 64ff.).

Die Trainingsgestaltung ist so ausgelegt, dass der Proband mit einer Trainingsherzfrequenz Hf_{max} von 60-70% arbeitet, um die Aspekte des Gesundheits- und Fitnesssports zu
beachten. Die sinnvolle Trainingsintensität liegt im Bereich des Freizeit- und Breiten-
sports bei einer Hf_{max} von 60-75% (Hottenrott, 1997, 2006; Neumann et al., 2007, S. 131).
In den ersten zwei Wochen wird mit einer Hf_{max} von 60-65% trainiert, damit der Proband
sich an die Belastung gewöhnen kann. Diese wird dann schrittweise ab dem Ende der
dritten Woche des Mesozyklus auf 65-70% Hf_{max} erhöht. Die Belastungsdauer bleibt zunächst in den ersten zwei Wochen bei 30 Minuten auf dem Fahrrad, wird jedoch in den
folgenden Wochen sukzessive auf 35 Minuten und in der letzten Woche des Mesozyklus
auf 45 Minuten erhöht. Das Ziel ist es einen höheren Trainingsanpassungseffekt zu erzie-
len, indem man zunächst die Trainingsdauer erhöht und diese dann im Wechsel mit der
Trainingsintensität steigert. In der 5. und 6. Woche des Mesozyklus wird mit dem Laufband auch noch ein weiteres Ausdauergerät hinzugenommen. Es gibt hier zunächst eine
Einführung in das Walking, um den nächsten Schritt der Belastungssteigerung vorzuneh-
men. Die Trainingsintensität und die Trainingsdauer werden dementsprechend angepasst.

Mit einer Trainingsherzfrequenz von Hf$_{max}$ 60-65% und einer Trainingsdauer von 25 Minuten wird einmal pro Woche begonnen.

Die Trainingsgeräte für den gewählten Mesozyklus sind das Fahrrad und am Ende auch das Laufband (Walking). Durch die sportliche Inaktivität der Testperson wird in den ersten 4 Wochen mit dem Fahrrad begonnen, da diese Art des Ausdauertrainings für Anfänger und Übergewichtige gut geeignet ist. Die geringere Belastung für die Gelenke und die einfache koordinative Handhabung sind weitere Vorteile, die nicht außer Acht zu lassen sind. In den letzten beiden Wochen wird das Laufband als weiteres Ausdauergerät hinzugenommen. Auch dieses Gerät eignet sich für Anfänger und Übergewichtige und wird in Form des Walkings eingeführt. Die Vorteile beim Laufband bestehen darin, dass mehrere Muskelgruppen gleichzeitig angesprochen werden und eine trainingswirksame Herz-Kreislauf-Belastung erzielt wird. Des Weiteren ist der Kalorienverbrauch auf dem Laufband im Vergleich zu anderen Ausdauergeräten deutlich höher. Das Laufband wird erst am Ende des Mesozyklus hinzugenommen, damit der untrainierte Proband sich zunächst an ein Trainingsgerät gewöhnt und die Leistung stückweise steigern kann. Außerdem wird die Abwechslung gesteigert und es ist eine Erweiterung mit höherer Belastung für den nächsten Mesozyklus.

4 Literaturrecherche

Effekte des Ausdauertrainings bei Übergewicht/Adipositas

Tabelle 10: Studie 1

Titel	Effects of Endurance and Endurance Strength Training on Body Composition and Physical Capacity in Women with abdominal Obesity
Autoren	Damian Skrypnik, Paweł Bogdański, Edyta Mądry, Joanna Karolkiewicz, Marzena Ratajczak, Jakub Kryściak, Danuta Pupek-Musialik, Jarosław Walkowiak
Jahr der Veröffentlichung	Mai 2015
Forschungsfrage	Welche Auswirkungen hat das Ausdauertraining im Vergleich zum Kraftausdauertraining auf die körperliche Leistungsfähigkeit bei adipösen Frauen?
Versuchspersonen	44 abdominale adipöse Frauen
Versuchsaufbau	Die Versuchspersonen wurden in zwei Gruppen aufgeteilt, die 3 Monate lang, 3x die Woche 60 Minuten lang Ausdauer- (Gruppe A) und Kraft und Ausdauertraining (Gruppe B) machten.
Ergebnisse/Schlussfolgerungen	In beiden Gruppen wurde eine signifikante Abnahme der Körpermaße, des BMI, des Gesamtkörperfetts, der Gesamtkörperfettmasse sowie des Taillen- und Hüftumfangs beobachtet. Die maximale Sauerstoffaufnahme wurde erhöht und gleichzeitig der Ruhepuls und der Blutdruck gesenkt. Dies lässt darauf schließen, dass das Ausdauertraining positive Effekte auf die Anpassung des Herz-Kreislauf-Systems bei den übergewichtigen Frauen erzielt hat.

Tabelle 11: Studie 2

Titel	Strength plus Endurance Training and Individualized Diet Reduce Fat Mass in Overweight Subjects: A Randomized Clinical Trial
Autoren	Pedro J Benito, Bricia López-Plaza, Laura M Bermejo, Ana B Peinado, Rocío Cupeiro, Javier Butragueño, Miguel A Rojo-Tirado, Domingo González-Lamuño, Carmen Gómez-Candela, On Behalf Of The Pronaf Study Group
Jahr der Veröffentlichung	10. April 2020
Forschungsfrage	Vergleich zwischen verschiedenen Programmen der körperlichen Aktivität in Verbindung mit einer individualisierten Diät bei übergewichtigen Personen.
Versuchspersonen	205 Probanden, 119 Probanden, 84 Probanden beendeten die Studie.
Versuchsaufbau	Die 119 Probanden wurden 22 Wochen in 4 Gruppen aufgeteilt, die verschiedene sportliche Programme durchführten: Krafttraining (Gruppe S, 30 Probanden), Ausdauertraining (Gruppe E, 30), Kraft- und Ausdauertraining (Gruppe SE, 30) und Einhaltung der Empfehlungen für körperliche Aktivität (Gruppe C, 29). Zusätzlich machten die Teilnehmer eine Diät, die auf 25% weniger Energie ausgelegt war.
Ergebnisse/Schlussfolgerungen	Die Körperzusammensetzung, die am Anfang und am Ende gemessen wurde, gab folgende Ergebnisse: Alle Gruppen, außer Gruppe C, verbesserten ihre körperliche Aktivität und reduzierten ihr Körpergewicht. Dies hat zur Folge, dass sowohl das Ausdauer-, als auch das Krafttraining sowie die Kombination aus beidem zu einem positiven Effekt bei Übergewichtigen im Hinblick auf Reduzierung des Gewichts und der Körperfettmasse führt.

5   Literaturverzeichnis

Benito,P. J., López-Plaza, B., Bermejo, L. M., Peinado, A. B., Cupeiro, R., Butragueño, J. et al. (2020). Strength plus Endurance Training and Individualized Diet Reduce Fat Mass in Overweight Subjects: A Randomized Clinical Trial. *International journal of environmental research and public health, 17* (7), 2596.

Gallagher D., Heymsfield, S. B., Heo, M., Jebb, S. A., Murgatroyd, P. R., Sakamoto, Y. (2000). Healthy percentage body fat ranges: an approach for developing guidelines based on body mass index. *American Journal of clinic nutrition 72* (3), 694-701.

Hottenrott, K. (1997). *Ausdauertraining. Intelligent effektiv erfolgreich* (4. Aufl.). Lüneburg: Wehdemeier & Pusch.

Hottenrott, K. (2006). *Trainingskontrolle mit Herzfrequenz-Messgeräten* (1. Aufl.). Aachen: Meyer & Meyer.

Institut für Prävention und Nachsorge. (2004). *IPN-Test – Ausdauertest für den Fitness- und Gesundheitssport.* Köln. Institut für Prävention und Nachsorge (IPN).

Kettenis, L. & Eifler, C. (2020). *Studienbrief Trainingslehre II – Gesundheitsorientiertes Ausdauertraining* (rev.23.040.000). Saarbrücken: Deutsche Hochschule für Prävention und Gesundheit.

Mancia, G., Fagard, R., Narkiewicz, K., Redòn, J., Zanchetti, A., Böhm, M. et al. (2013). 2013 ESH/ESC Guidelines for the management of arterial hypertension. The task force for the management of arterial hypertension of the European Society of Hypertension (ESH) and of the European Society of Cardiology (ESC). *Journal of hypertension, 31* (7), 1281-1357.

Neumann, G., Pfützner, A. & Berbalk, A. (2007). *Optimiertes Ausdauertraining* (5., überarb. Aufl.). Aachen: Meyer & Meyer.

Olivier, N., Marschall, F., Büsch, D. (2008). *Grundlagen der Trainingswissenschaft und -lehre* (2. Auflage). Schorndorf: Hofmann.

Schnabel G., Harre H.-D., Krug, J. (2008). *Trainingslehre – Trainingswissenschaft: Leistung - Training – Wettkampf.* Aachen: Meyer & Meyer.

Skrypnik D., Bogdański, P., Mądry, E., Karolkiewicz, J., Ratajczak, M., Kryściak, J. et al. (2015). Effects of Endurance and Endurance Strength Training on Body Composition and Physical Capacity in Women with abdominal Obesity. *Obesity Facts – The European journal of Obesity, 8* (3), 175-187.

Trunz, E. (2001). *IPN-Test – Ausdauertest für den Fitness- und Gesundheitssport. Köln, Institut für Prävention und Nachsorge.* Köln.

Wehrlin J., Held T. (2001). Fitness durch Ausdauertraining – Bedeutung der individuellen Planung. *Therapeutische Umschau, 58* (4), 206-212.

Weineck, J. (2003). *Ausdauertraining. Trainingssteuerung über die Herzfrequenz- und Milchsäurebestimmung.* Balingen: Splitta.

World Health Organization. (2000). *Obesity: Preventing and Managing the Global Epidemic – Report of a WHO Consultation:* The Stationery Office Books (Agencies).

Zintl, F. & Eisenhut, A. (2001). *Ausdauertraining. Grundlagen Methoden Trainingssteuerung* (5. überarbeite Auflage). München: BLV.